Date: 10/30/18

SP BR 421.1 PUC
Puchol, Maria,
Ññ /

Ññ

Maria Puchol

Abdo
EL ABECEDARIO
Kids

abdopublishing.com

Published by Abdo Kids, a division of ABDO, PO Box 398166, Minneapolis, Minnesota 55439.
Copyright © 2018 by Abdo Consulting Group, Inc. International copyrights reserved in all countries.
No part of this book may be reproduced in any form without written permission from the publisher.

Printed in the United States of America, North Mankato, Minnesota.

102017
012018

THIS BOOK CONTAINS
RECYCLED MATERIALS

Photo Credits: iStock, Shutterstock

Production Contributors: Teddy Borth, Jennie Forsberg, Grace Hansen

Design Contributors: Christina Doffing, Candice Keimig, Dorothy Toth

Publisher's Cataloging in Publication Data

Names: Puchol, Maria, author.

Title: Ññ / by Maria Puchol.

Description: Minneapolis, Minnesota : Abdo Kids, 2018. | Series: El abecedario |
      Includes online resource and index.

Identifiers: LCCN 2017942269 | ISBN 9781532103148 (lib.bdg.) | ISBN 9781532103742 (ebook)

Subjects: LCSH: Alphabet--Juvenile literature. | Spanish language materials--Juvenile literature. |
      Language arts--Juvenile literature.

Classification: DDC 461.1--dc23

LC record available at https://lccn.loc.gov/2017942269

Contenido

La Ññ

El señor nos enseña a su cariñosa familia de ñandús.

La Ññ

Íñigo tiene mucho sueño en la mañana.

La Ññ

Marta, la niña del moño, está lista para aprender español este año.

La Ññ

Comimos piña en el cumpleaños de Iñaki en España.

La Ññ

La niñera de Marina
prepara lasaña.

La Ññ

El sombrero y la chaqueta de este niño son de color añil.

15

La Ññ

Begoña ve una araña en la montaña.

La Ññ

La señal nos dice hacia dónde está el baño.

La Ññ

¿Cómo se llama el día
después de hoy?

(mañana)

Más palabras con Ññ

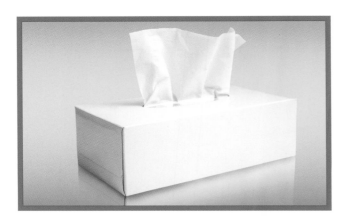

pañuelo

cabaña

leñador

uñas

Glosario

añil
color azul oscuro, el sexto de los
siete colores del arco iris.

lasaña
comida típica italiana de capas
de pasta rectangulares con carne
picada y verduras.

Índice

abdokids.com

¡Usa este código para entrar en abdokids.com y tener acceso a juegos, arte, videos y mucho más!

Código Abdo Kids:
EAK2998